COMÉDIES

Avec quel réalisateur français Terry Gilliam a-t-il tourné deux films ?

Albert Du

COMÉDIES

**Dans quel film
Louis de Funès s'exclame-t-il :
« *Mon pendu !
Où est mon pendu ?* » ?**

Fantômas contre Scotland Yard d'André Hunebelle
(1967)

COMÉDIES

Que dit Peter Sellers pour nourrir un oiseau dans *La Party* de Blake Edwards (1968) ?

« Birdy num num »

COMÉDIES

Dans *On connaît la chanson* d'Alain Resnais (1997), quel tube André Dussolier entonne-t-il vêtu en garde républicain ?

« Vertige de l'amour » d'Alain Bashung

COMÉDIES

Combien d'ex maléfiques Scott Pilgrim doit-il affronter dans le film *Scott Pilgrim* d'Edgar Wright (2010) ?

4 – 7 – 9

7

Quels sont les deux desserts offerts par Monsieur Preskovitch dans *Le père Noël est une ordure* de Jean-Marie Poiré (1982) ?

Les doubitchous et le kloug aux marrons

COMÉDIES

Comment est customisée la voiture de Harry et Lloyd dans *Dumb et Dumber* des frères Farrelly (1994) ?

En chien

COMÉDIES

Quelle phrase était écrite sur l'affiche du film *Tenue de soirée* de Bertrand Blier (1986) ?

« Putain de film »

COMÉDIES

Quel titre de film est aussi celui d'un roman de Raymond Queneau ?

Zazie dans le métro de Louis Malle (1960)

Dans quel film
de Guy Ritchie
« tu braques ou tu raques » ?

Snatch (2000)

Comment se prénomme la groupie d'Abba qui cherche à tout prix à se marier en blanc ?

Muriel, dans le film éponyme de Paul John Hogan (1994)

Complétez le titre de ce film de Woody Allen sorti en 1972 :
Tout ce que vous avez...

… toujours voulu savoir sur le sexe … sans jamais oser le demander

COMÉDIES

À l'affiche de quel film Catherine Deneuve est-elle une « chipie » et Fabrice Luchini une « femme au foyer » ?

Potiche de François Ozon (2010)

COMÉDIES

Quel personnage peut oser avouer aimer se beurrer la biscotte ?

Oss 117

COMÉDIES

Dans *Very Bad Trip* de Todd Phillips (2009), de qui les 4 compères ont-ils volé le tigre ?

Mike Tyson

COMÉDIES

Comment s'appelle la vache de Fernandel dans *La Vache et le Prisonnier* d'Henri Verneuil (1959) ?

Rose – Marguerite – Azalée – Princesse

Marguerite

COMÉDIES

Quelle chanson entonne Gérard Lanvin chaque fois qu'on demande qui est le Chevalier blanc ?

« *On m'appelle le Chevalier blanc* » (*Vous n'aurez pas l'Alsace et la Lorraine* de Coluche, 1977)

Dans quel film l'un des héros s'exclame-t-il : « *But alors, you are french !* » ?

La Grande Vadrouille de Gérard Oury (1966)

COMÉDIES

Quel personnage n'hésite pas à réclamer l'extermination des homosexuels, à offrir ses excréments et à kidnapper Pamela Anderson ?

Borat dans le film éponyme de Larry Charles (2006)

COMÉDIES

Dans *Les Profs* de Pierre-François Martin-Laval, comment Gladys fait-elle régner l'ordre dans sa classe ?

En mitraillant les élèves avec ses craies

AU TEMPS DU MUET

Simplement en mimant,
faites deviner
Roland Magdane.

AU TEMPS DU MUET

Simplement en mimant, faites deviner le film

Un Indien dans la ville **d'Hervé Palud (1994).**

☺☺

AU TEMPS DU MUET

Simplement en mimant, faites deviner le film

Le Bal des vampires
de Roman Polanski (1967).

☻

AU TEMPS DU MUET

Simplement en mimant, faites deviner le film

Marche à l'ombre
de Michel Blanc (1984).

AU TEMPS DU MUET

Simplement en mimant,
faites deviner Bourvil.

☺

AU TEMPS DU MUET

Simplement en mimant, faites deviner le film

Les Chaises musicales
de Marie Belhomme (2015).

AU TEMPS DU MUET

Simplement en mimant, faites deviner le film

Les vécés étaient fermés de l'intérieur
de Patrice Leconte (1976).

AU TEMPS DU MUET

Simplement en mimant, faites deviner le film

***Alvin et les Chipmunks* de Tim Hill (2007).**

AU TEMPS DU MUET

Simplement en mimant, faites deviner le film

Mon curé chez les nudistes **de Robert Thomas (1982).**

AU TEMPS DU MUET

Simplement en mimant, faites deviner le film

Le Sauvage
de Jean-Paul Rappeneau (1975).

☻☻

AU TEMPS DU MUET

Simplement en mimant, faites deviner le film

***Madame porte la culotte* de George Cukor (1949).**

AU TEMPS DU MUET

Simplement en mimant, faites deviner le film

Cuisine et Dépendances
de Philippe Muyl (1993).

AU TEMPS DU MUET

Simplement en mimant, faites deviner Stan Laurel et Oliver Hardy.

AU TEMPS DU MUET

Simplement en mimant, faites deviner Eddie Murphy.

AU TEMPS DU MUET

Simplement en mimant, faites deviner le film

Prête-moi ta main
d'Éric Lartigau (2006).

AU TEMPS DU MUET

Simplement en mimant, faites deviner le film

Pour 100 briques, t'as plus rien **d'Édouard Molinaro (1982).**

AU TEMPS DU MUET

Simplement en mimant, faites deviner le titre du film

La Soupe aux choux
de Jean Girault (1981).

AU TEMPS DU MUET

**Simplement en mimant,
faites deviner le titre du film**

Harold et Maude
d'Hal Ashby (1971).

AU TEMPS DU MUET

Simplement en mimant,
faites deviner le film

Chantons sous la pluie
de Stanley Donen et Gene Kelly
(1952).

☺

AU TEMPS DU MUET

Simplement en mimant,
faites deviner le film

Qu'est-ce qu'on a fait au Bon Dieu ?
de Philippe de Chauveron (2014).

AU TEMPS DU MUET

Simplement en mimant, faites deviner le nom de l'entarteur belge Noël Godin.

AU TEMPS DU MUET

**Simplement en mimant,
faites deviner le film**

Babysitting
de Philippe Lacheau (2014).

☺☺

AU TEMPS DU MUET

Simplement en mimant, faites deviner le film

***Quatre mariages et un enterrement* de Mike Newell (1994).**

AU TEMPS DU MUET

Simplement en mimant, faites deviner le film

Mon voisin le tueur
de Jonathan Lynn (2000).

AU TEMPS DU MUET

Simplement en mimant, faites deviner

Le Petit Nicolas
de Jean-Jacques Sempé et René Goscinny.

AU TEMPS DU MUET

Simplement en mimant, faites deviner le film

Poussez pas grand-père dans les cactus

de Jean-Claude Dague (1969).

AU TEMPS DU MUET

Simplement en mimant,
faites deviner le film

Elle boit pas, elle fume pas, elle drague pas, mais… elle cause !
de Michel Audiard (1970).

AU TEMPS DU MUET

**Simplement en mimant,
faites deviner le film**

Neuilly sa mère
de Gabriel Julien-Laferrière (2009).

AU TEMPS DU MUET

Simplement en mimant, faites deviner le film

Je fais le mort
de Jean-Paul Salomé (2013).

AU TEMPS DU MUET

Simplement en mimant, faites deviner le film

Un idiot à Paris
de Serge Korber (1967).

AU TEMPS DU MUET

Simplement en mimant,
faites deviner le film

La Panthère rose
de Blake Edwards (1963).

AU TEMPS DU MUET

Simplement en mimant, faites deviner le film

La Belle Verte
de Coline Serreau (1996).

☻☻

AU TEMPS DU MUET

Simplement en mimant, faites deviner le film

***Des saumons dans le désert* de Lasse Hallström.**

AU TEMPS DU MUET

Simplement en mimant, faites deviner le film

Amour et Turbulences
d'Alexandre Castagnetti (2013).

AU TEMPS DU MUET

Simplement en mimant,
faites deviner le film

*Le téléphone sonne
toujours deux fois*
de Jean-Pierre Vergne (1985).

AU TEMPS DU MUET

Simplement en mimant, faites deviner le film

Embrassez qui vous voudrez **de Michel Blanc (2002).**

AU TEMPS DU MUET

Simplement en mimant, faites deviner le film

Un peu, beaucoup, aveuglément
de Clovis Cornillac (2015).

AU TEMPS DU MUET

Simplement en mimant, faites deviner le film

***La Famille Bélier* d'Éric Lartigau (2014).**

AU TEMPS DU MUET

Simplement en mimant, faites deviner le film

Ghost
de Jerry Zucker (1990).

AU TEMPS DU MUET

Simplement en mimant, faites deviner le film

Fish and Chips
de Damien O'Donnell (1999).

TOUS EN SCÈNE

Faites deviner le sketch et le nom de ses interprètes en le jouant :

***Télémagouilles* des Inconnus.**

TOUS EN SCÈNE

Faites deviner en jouant la scène de votre choix :

Un poisson nommé Wanda
de Charles Crichton (1988).

TOUS EN SCÈNE

**Faites deviner,
en jouant la scène de roulage
des mécaniques sur la plage,
ce personnage du film
L'Aventure c'est l'aventure
de Claude Lelouch :**

Aldo Maccione (« Aldo la classe »).

TOUS EN SCÈNE

Faites deviner le nom du comique suivant en l'imitant en train d'imiter Joe Dassin :

Patrick Sébastien.

TOUS EN SCÈNE

**Faites deviner
en imitant, à sa manière,
Valéry Giscard d'Estaing
et François Mitterrand :**

Thierry Le Luron.

☺

TOUS EN SCÈNE

Faites deviner
en interprétant la réplique
« Mais, bordel de nom de Dieu,
y'a bien un cul qui nous attend
quelque part ! » :

Les Valseuses
de Bertrand Blier (1974).

TOUS EN SCÈNE

Faites deviner en chantant
« Je n'ai pas changé »
de Julio Iglesias
avec un accent allemand :

Papy fait de la résistance
de Jean-Marie Poiré (1983).

TOUS EN SCÈNE

Faites deviner le nom du comique en racontant des blagues sexistes :

Olivier de Benoist.

TOUS EN SCÈNE

Faites deviner le sketch et le nom de son interprète en le jouant :

***L'Addition* de Muriel Robin.**

☺

TOUS EN SCÈNE

Faites deviner en l'imitant :

Chantal Ladesou.

TOUS EN SCÈNE

Faites deviner en jouant la scène où Louis de Funès exécute une danse hassidique :

Les Aventures de Rabbi Jacob **de Gérard Oury (1973).**

☺

TOUS EN SCÈNE

Faites deviner
en parodiant comme eux
la série *Julie Lescaut* :

Éric et Quentin.

TOUS EN SCÈNE

Faites deviner en jouant la scène où Lambert Wilson chante du Céline Dion :

***Sur la piste du Marsupilami* d'Alain Chabat (2012).**

TOUS EN SCÈNE

Faites deviner en jouant la scène de votre choix :

***Alexandre le bienheureux* d'Yves Robert (1968).**

TOUS EN SCÈNE

Faites deviner
en jouant la scène des couches et
des biberons à plusieurs vitesses
chez la pharmacienne :

Trois Hommes et un couffin
de Coline Serreau (1985).

TOUS EN SCÈNE

**Faites deviner
en jouant la scène où Juliette
raconte son expérience
de la sodomie :**

Rien sur Robert
de Pascal Bonitzer (1999).

TOUS EN SCÈNE

Faites deviner en jouant la scène de la partie de tennis :

Les Vacances de Monsieur Hulot
de Jacques Tati (1953).

TOUS EN SCÈNE

Faites deviner
en dansant la carioca :

La Cité de la peur
d'Alain Berbérian (1994).

TOUS EN SCÈNE

**Faites deviner,
en jouant la scène où
Renato Baldi apprend à Zaza Napoli
à beurrer ses biscottes :**

La Cage aux folles
d'Édouard Molinaro.

TOUS EN SCÈNE

Faites deviner en jouant la scène où il est pendu dans le vide, accroché aux aiguilles d'une horloge :

Harold Lloyd (*Monte là-dessus*, Fred C. Newmeyer et Sam Taylor, 1923).

TOUS EN SCÈNE

Faites deviner
en jouant son sketch
La Machine à écrire
ou la publicité pour Baygon® :

Michel Leeb.

TOUS EN SCÈNE

**Faites deviner,
en prenant l'accent québécois
et en posant des questions
sur un pancake, le sketch :**

***Qui veut gagner de l'argent
en masse.***

TOUS EN SCÈNE

Faites deviner en jouant la scène où le héros prend une tarte aux pommes pour un sex-toy :

American Pie
de Paul et Chris Weitz (1999).

TOUS EN SCÈNE

Faites deviner en jouant les scènes où Forrest Gump court, joue au ping-pong et apprend son déhanché à Elvis Presley :

Forrest Gump
de Robert Zemeckis (1994).

TOUS EN SCÈNE

Faites deviner en jouant
la scène où le dictateur s'amuse
avec la mappemonde
qui lui explose au visage :

Le Dictateur
de Charlie Chaplin.

TOUS EN SCÈNE

Faites deviner en l'imitant lors de ses prestations délirantes dans l'émission *Nulle part ailleurs* :

Jango Edwards.

TOUS EN SCÈNE

Faites deviner en jouant la scène où Marie-Thérèse jure qu'elle n'a jamais couché avec un garçon :

La vie est un long fleuve tranquille **d'Étienne Chatiliez (1988).**

TOUS EN SCÈNE

Faites deviner en imitant le comte de Bouderbala :

son sketch *Les Roumains.*

☻☻

Faites deviner le nom
du personnage et de son interprète
en l'imitant :

Brice de Nice
par Jean Dujardin.

TOUS EN SCÈNE

Faites deviner
en jouant un appelé efféminé
souhaitant revoir les conditions
de son service militaire
le sketch :

Le Militaire **de Pierre Palmade.**

☺☺

Faites deviner le nom
du personnage et de son interprète
en l'imitant :

Madame Sarfati
par Élie Kakou.

TOUS EN SCÈNE

**Faites deviner
en l'imitant en bourgeoise
imbue d'elle-même :**

Sylvie Joly.

☺☺

Faites deviner en chantant « Everybody needs somebody to love » :

***The Blues Brothers* de John Landis (1980).**

TOUS EN SCÈNE

Faites deviner le sketch en l'interprétant :

La Drague
de Sophie Daumier et Guy Bedos.

TOUS EN SCÈNE

**Faites deviner
en jouant la scène de shopping
et celle du polo :**

Pretty Woman
de Garry Marshall (1990).

TOUS EN SCÈNE

Faites deviner en jouant la scène où un aveugle renverse de la soupe brûlante sur le monstre :

Frankenstein Junior
de Mel Brooks.

TOUS EN SCÈNE

Faites deviner en jouant la scène où la bouteille de Coca-Cola tombe du ciel aux pieds du héros bochiman :

***Les dieux sont tombés sur la tête* de Jamie Uys (1980).**

Faites deviner le nom du comique imitant Dean Martin :

Sammy Davis Jr.

TOUS EN SCÈNE

Faites deviner
en jouant la scène parodiant
La Fièvre du samedi soir
où un homme danse avec
un couteau planté dans le dos :

Y a-t-il un pilote dans l'avion ?
du collectif Zucker-Abrahams-
Zucker (1980).

TOUS EN SCÈNE

Faites deviner en jouant le sketch *Le Sâr Rabindranath Duval* :

Pierre Dac et Francis Blanche.

THÈMES ET MOTS-CLÉS

Citez 3 comédies des Inconnus où ils jouent tous ensemble.

Le téléphone sonne toujours deux fois, Les Trois Frères, Les Rois mages…

THÈMES ET MOTS-CLÉS

Citez 3 comédies réalisées par Michel Blanc.

Grosse Fatigue, Marche à l'ombre, Embrassez qui vous voudrez ...

THÈMES ET MOTS-CLÉS

Citez 3 comédies sur la grossesse.

Junior, Juno, 9 mois ferme...

THÈMES ET MOTS-CLÉS

Citez au moins 1 nom du trio féminin humoristique *Les Filles*, qui a sévi à la fin des années 1980.

Michèle Bernier, Isabelle de Botton et Mimie Mathy

THÈMES ET MOTS-CLÉS

Citez 3 comédies avec Jim Carrey.

The Mask, Disjoncté, The Truman Show…

THÈMES ET MOTS-CLÉS

Citez 3 comédies liées à la cuisine.

La Grande Bouffe, La Cuisine au beurre, L'Aile ou la Cuisse ...

THÈMES ET MOTS-CLÉS

Citez 3 comédies des années 1980 avec Gérard Jugnot.

Pinot simple flic ; Scout toujours ; Pour cent briques, t'as plus rien...

THÈMES ET MOTS-CLÉS

Citez 3 personnages d'Antoine de Caunes dans *Nulle part ailleurs*.

Richard Jouire, Gérard Langdepüte, Raoul Bitembois…

THÈMES ET MOTS-CLÉS

Citez 3 *teen movies*.

American P e, SuperGrave, Babysitting ...

THÈMES ET MOTS-CLÉS

Citez 3 comédies avec le mot « folle » dans le titre.

Priscilla, folle du désert ; La Folle Journée de Ferris Bueller ; La Cage aux folles…

THÈMES ET MOTS-CLÉS

Citez 3 films de Charlie Chaplin.

Le Kid, La Ruée vers l'or, Les Lumières de la ville ...

THÈMES ET MOTS-CLÉS

Citez 3 films de la série
***Y a-t-il un flic pour sauver… ?*,**
avec Leslie Nielsen.

Y a-t-il un flic pour sauver… la reine, le président, Hollywood, l'humanité…

THÈMES ET MOTS-CLÉS

Citez 3 comédies de Woody Allen.

Annie Hall, Crimes et Délits, Scoop ...

THÈMES ET MOTS-CLÉS

Citez 3 émissions humoristiques françaises faisant apparaître de vrais comiques.

Merci Bernard, Palmashow, Le Petit Théâtre de Bouvard...

THÈMES ET MOTS-CLÉS

Citez 3 shortcoms françaises.

Pep's, Scènes de ménages, Mère et Fille ...

THÈMES ET MOTS-CLÉS

Citez 3 émissions de radio humoristiques.

Le Tribunal des flagrants délires, Arthur et les Pirates,
Les Pieds dans le plat…

THÈMES ET MOTS-CLÉS

Citez 3 comédies avec Patrick Bruel.

Profs, Le Jaguar, Le Prénom…

THÈMES ET MOTS-CLÉS

Citez 3 films de potes, où les héros forment un duo improbable.

Tango et Cash, Le Boulet, De l'autre côté du périph…

THÈMES ET MOTS-CLÉS

Citez 3 imitateurs.

Yves Lecoq, Nicolas Canteloup, Didier Gustin...

Citez 3 comédies avec le mot « grand » dans le titre.

La Grande Lessive (!), Le Grand Restaurant, Les Grandes Vacances...

THÈMES ET MOTS-CLÉS

Citez 3 comédies d'Étienne Chatiliez.

La vie est un long fleuve tranquille, Le bonheur est dans le pré, Tatie Danielle, Tanguy ...

THÈMES ET MOTS-CLÉS

Citez 3 comédies réalisées par Blake Edwards.

La Party, Victor Victoria, Boire et Déboires…

THÈMES ET MOTS-CLÉS

Citez 3 humoristes dont le nom commence par la lettre C.

Bernard Campan, Alain Chabat, Coluche...

THÈMES ET MOTS-CLÉS

Citez 3 écrivains humoristiques.

Alphonse Allais, P. G. Wodehouse, Jean-Louis Fournier

THÈMES ET MOTS-CLÉS

Citez 3 comédies avec Ben Stiller.

Mon beau-père et moi, Zoolander, Tonnerre sous les tropiques..

THÈMES ET MOTS-CLÉS

Citez 3 humoristes français qui pratiquent le stand-up.

Malik Bentalha, Tomer Sisley, Shirley Souagnon…

THÈMES ET MOTS-CLÉS

Citez au moins 3 des 6 films de la série *Le Gendarme* de Jean Girault, avec de Funès.

Le Gendarme… de Saint-Tropez, à New York, en balade, et les Extra-terrestres, et les Gendarmettes

THÈMES ET MOTS-CLÉS

Citez 3 émissions présentées par Stéphane Collaro.

Le Collaro show, Cocoricocoboy, Co-Co Boy ...

THÈMES ET MOTS-CLÉS

Citez 3 comédies avec ou réalisées par Valérie Lemercier.

Agathe Cléry, Palais Royal !, Le Petit Nicolas... – Quadrille, Le Derrière, 100 % Cachemire...

THÈMES ET MOTS-CLÉS

Citez 3 comédies qui sont des parodies de films.

Hot Shots ! (*parodie de* Top Gun), Scary Movie (*parodie de* Scream), Mords-moi sans hésitation (*parodie de* Twilight)...

THÈMES ET MOTS-CLÉS

Citez 3 comédies avec Franck Dubosc.

Disco, Fiston, Incognito…

THÈMES ET MOTS-CLÉS

Citez 3 humoristes révélés par l'émission *On n'demande qu'à en rire.*

Arnaud Tsamere, Olivier de Benoist, Jérémy Ferrari…

Citez 3 comédies anglaises.

Shooting Fish, Love actually, Kingsman : Services secrets ...

THÈMES ET MOTS-CLÉS

Citez 3 comédies qui se moquent de l'aristocratie.

Le Mariage du siècle, Les Aristos, Connasse, princesse des cœurs…

THÈMES ET MOTS-CLÉS

Citez 3 comédies romantiques avec Hugh Grant.

Quatre mariages et un enterrement, Coup de foudre à Notting Hill, Le Journal de Bridget Jones...

Citez 3 comédies se déroulant au Moyen Âge.

Les Visiteurs, Monty Python : Sacré Graal !, Sacré Robin des bois…

THÈMES ET MOTS-CLÉS

Citez 3 comédies avec Benoît Poelvoorde.

Les Randonneurs, Les convoyeurs attendent, Le Grand Soir ...

THÈMES ET MOTS-CLÉS

Citez 3 comédies dont le titre ne commence pas par un article.

Monty Python : Sacré Graal !, Certains l'aiment chaud,
OSS 117 : Rio ne répond plus…

COMÉDIES

Quel costume porte Dominique Lavanant dans le film *Les Galettes de Pont-Aven* de Joël Séria (1975) ?

Le costume traditionnel breton

COMÉDIES

Comment s'appelle le remake américain du *Grand Blond avec une chaussure noire* d'Yves Robert (1982) ?

Le Grand Noir avec une chaussure blanche – L'Homme à la chaussure rouge – Le Type à la chaussure noire

L'Homme à la chaussure rouge de *Stan Dragoti* (1985)

Dans quel film le héros s'exclame-t-il : « *Je suis chez moi, et chez moi, je me balade à poil si je veux* » ?

Gazon maudit de Josiane Balasko (1995)

COMÉDIES

Comment s'appelle le chat de François et Carole dans le film *Et la tendresse ? Bordel !* de Patrick Schulmann (1979) ?

Clitoris

COMÉDIES

Quel est le point commun entre *Sherlock Junior* de Buster Keaton (1924) et *La Rose pourpre du Caire* de Woody Allen (1985) ?

Le personnage principal passe de la réalité à l'écran

COMÉDIES

Dans *Une nuit à l'opéra* (1935), avec les Marx Brothers, où une foule parvient-elle à s'entasser ?

Dans une cabine de navire

COMÉDIES

De qui le père d'Amélie Poulain reçolt-il unc carte postale ?

De son nain de jardin

COMÉDIES

Dans *Les Sous-doués* de Claude Zidi (1980), quelle récompense offre la « machine à apprendre » en cas de bonne réponse ?

Une sucette en sucre d'orge

COMÉDIES

Quel est le grade de Jérôme Gerber, alias Michel Galabru, dans la série des *Gendarmes* ?

Adjudant

COMÉDIES

Dans *Les Apprentis* de Pierre Salvadori (1995), de quelle façon Guillaume Depardieu dévale-t-il un escalier ?

Avec des skis

COMÉDIES

Quel film *Scary Movie* de Keenen Ivory Wayans (2000) parodie-t-il principalement ?

Scream de Wes Craven (1996), dont il reprend le costume du tueur

COMÉDIES

**Quelle musique
Phil Connors, alias Bill Murray,
entend-il chaque matin
dans *Un jour sans fin*
d'Harold Ramis (1993) ?**

« I Got You Babe » de Sonny et Cher (1965)

COMÉDIES

Dans *La Cité de la peur* d'Alain Berbérian (1994), que fait Simon, alias Dominique Farrugia, quand il est content ?

Il vomit

COMÉDIES

Quel est le nom de la taulière qu'évoquent les protagonistes quand ils boivent un alcool particulièrement fort dans *Les Tontons flingueurs* de Georges Lautner (1963) ?

Lulu la Nantaise

COMÉDIES

Quel métier Jean-Claude Dreyfus, alias Clapet, exerce-t-il dans *Delicatessen* de Marc Caro et Jean-Pierre Jeunet (1991) ?

Boucher

COMÉDIES

Dans le film muet *Silent Movie* de Mel Brooks (1976), quel est fort logiquement le seul personnage qui prononce un mot ?

Le mime Marceau

Comment Ben, le tueur de *C'est arrivé près de chez vous* (1992), surnomme-t-il son cocktail maison fait de gin, de tonic et d'une olive attachée à un sucre ?

Le Petit Grégory

COMÉDIES

Qui Camilla, dans *Connasse, princesse des cœurs*, s'est-elle mis en tête d'épouser en 2015 ?

Le prince Harry

COMÉDIES

Dans *To Be or not to Be* d'Ernst Lubitsch (1942), le personnage de Bronski, déguisé en Hitler, s'exclame « *Heil...* »

Myself !

COMÉDIES

Quel poste Ramzy Bédia occupe-t-il dans l'équipe des *Seigneurs* d'Olivier Dahan (2012) ?

Gardien de but

Comment s'appelle l'obsédé sexuel interprété par Jonathan Lambert ?

Damien Baïzé

Comment Axelle Laffont a-t-elle attiré l'attention sur son spectacle *Hypersensible* ?

Elle a fait sa promo nue dans une Carte blanche sur Canal Plus

Comment s'appelle le couple âgé de la série *Scènes de ménages* ?

Raymond et Huguette

**Il est plutôt
au cœur de l'actu
qu'au cul de l'acteur.
De qui s'agit-il ?**

Stéphane De Groodt

Que parodie Jean Poiret avec sa *Vache à mille francs* ?

« La Valse à mille temps » de Jacques Brel

À quel animal l'humoriste suisse Zouc faisait-elle passer un mauvais moment ?

Une fourmi

COMIQUES ET SKETCHES

**Quel jeu de société
a rendu célèbre
Pierre Palmade ?**

Le Scrabble®

À quel étage habite la famille Dubernet-Carton dans la série *Nos chers voisins* ?

Le 3e étage

Quel était le slogan provocateur annonçant le spectacle de Jean-Marie Bigard à Bercy en 2001 ?

Bigard bourre Bercy

COMIQUES ET SKETCHES

Quel humoriste français, né à Berlin, débute dans la série *Highlander*, enchaîne avec le stand-up et incarne à l'écran un héros de bande dessinée ?

Tomer Sisley

Qui a été chanteur, acteur, réalisateur, coiffeur, voleur, et monseigneur aussi ?

Fernandel

COMIQUES ET SKETCHES

D'après Patrick Timsit,
« *ils sont partout* ».
Mais de qui parle-t-il ?

Des catholiques

D'où est originaire Mado ?

De Nice

Avec quel acteur Jerry Lewis a-t-il formé un duo comique jusqu'à leur séparation en 1956 ?

Dean Martin

Quel aliment est un vrai plat de pauvre, d'après Coluche ?

L'ar lichaut

COMIQUES ET SKETCHES

Qui aime à se faire appeler « le professeur » ?

François Rollin

Quel numéro de téléphone Fernand Raynaud souhaite-t-il obtenir à Asnières ?

Le 22

Pour quel super-héros se prend Christophe Alévêque ?

Super Rebelle

Qui présentait
Les Bonus de Guillaume ?

Guillaume Gallienne

Quels frères ont joué les clowns Récho et Frigo pour TF1 en 1976 ?

Pierre et Marc Jolivet

De quoi souffre le buraliste Philippe Maurice dans la pièce *Sans filtre* de Laurent Baffie ?

Il dit tout ce qu'il pense

Quelles sont les deux humoristes qui ont joué dans le film *Le Bal des actrices* de Maïwenn (2009) ?

Marina Foïs et Muriel Robin

À qui Guy Bedos souhaitait-il une bonne fête ?

Paulette

**Le nom de ce fan
de one-man-show évoque
un bail d'un autre temps.
De qui s'agit-il ?**

Alex Métayer

Quel est le premier film de Franck Dubosc ?

À nous les garçons de Michel Lang (1985) – *Les Spécialistes* de Patrice Leconte (1985) – *Delphine 1, Yvan 0* de Dominique Farrugia (1996)

À nous les garçons *de Michel Lang (1985)*

COMIQUES ET SKETCHES

Quelle émission de télévision est animée, entre autres, par Jérôme de Verdière, Michel Guidoni, Jacques et Régis Mailhot ?

La Revue de presse des Deux Ânes

Quelle était l'unique activité du personnage Pouf interprété par Pef des Robins des bois ?

Cascadeur

Comment s'appelle le chanteur de flamenco interprété par Kad Merad qui joue de la guitare avec son sexe ?

Manitas de la Bitas

C'est la première sitcom comique uniquement interprétée par des Afro-Américains

COMIQUES ET SKETCHES

Pourquoi le *Cosby Show* fait-il date dans l'histoire de la télévision américaine ?

À propos de qui Pierre Desproges a-t-il dit qu'« elle n'avait pas écrit que des conneries mais en avait aussi filmé » ?

Marguerite Duras

Quelle ville française a été à l'honneur grâce à Daniel Prévost dans l'émission *Le Petit Rapporteur* ?

Montcuq

COMIQUES ET SKETCHES

Il ne sent pas l'urine,
et pourtant c'est ce qu'évoque
son nom de scène dans la série
La Cape et l'Épée.
De qui s'agit-il ?

Maurice Barthélémy (alias Pulpipi)

Que peut-on voir dans chaque épisode de la série *South Park* ?

Un extraterrestre – Un bonnet phrygien – Une femme nue – Un âne

Un extraterrestre

COMIQUES ET SKETCHES

Dans leur sketch *La Révolution*, comment Les Inconnus épellent-ils le nom du roi Louis XVI ?

Louis croix V bâton

Qui Stéphane Guillon surnommait-il « *le petit pot de tabac* » ?

Martine Aubry

Dans quelle émission humoristique trouvait-on la séquence « *Appelez-moi le directeur !* » ?

Palace

Quelle pochette d'album Thomas Ngijol a-t-il parodiée pour l'affiche de son spectacle *À block !* ?

Thriller de Michael Jackson

Bien qu'ils n'aient aucun lien de parenté, Teddy Vrignault et André Gaillard se faisaient appeler...

COMIQUES ET SKETCHES

COMIQUES ET SKETCHES

Sur quel type de routes ne va jamais le conducteur interprété par Jean Yanne ?

Les routes départementales (*s<etch* Le Permis de conduire)

En 2007, quel humoriste, surnommé « Titi » par la « bande à Ruquier », s'affichait comme métrosexuel ?

Titoff

QUESTIONS DÉCALÉES

En citant 3 mots,
faites deviner le titre du film *Ted*
de Seth MacFarlane (2012).

QUESTIONS DÉCALÉES

Quel personnage se cache derrière ces indices ?

Mike Myers – Mini-Moi – Super-méchant

Docteur Denfer (l'adversaire d'Austin Powers)

QUESTIONS DÉCALÉES

Quel humoriste se cache derrière ces indices ?

Momo – Coco – Petit oiseau

Gad Elmaleh

QUESTIONS DÉCALÉES

Quel film se cache derrière ces indices ?

Poisse – Duo – Œdème

La Chèvre *de Francis Veber (1981)*

QUESTIONS DÉCALÉES

Acteur qui a donné des baffes comme Personne.

Terence Hill dans Mon nom est Personne *de Tonino Valerii (1973)*

QUESTIONS DÉCALÉES

Jean-Paul Belmondo est Bob Saint-Clar dans le film…

Le Magnifique *de Philippe de Broca (1973)*

QUESTIONS DÉCALÉES

Quel humoriste se cache derrière ces indices ?

Pion – Catherine – Fils de nazi

Alex Lutz (Soda, Catherine & Liliane, OSS 117)

QUESTIONS DÉCALÉES

**Sacré pianiste et roi du kung-fu,
je n'en suis pas moins un
« petit canaillou » zozotant.
Je suis ...**

Darry Cowl

QUESTIONS DÉCALÉES

Quel humoriste se cache derrière ces indices ?

Arkange – Ouate else – Canada

Anthony Kavanagh

QUESTIONS DÉCALÉES

Citez les prénoms des 4 Marx Brothers.

Chico, Groucho, Harpo, Zeppo

Si, à mon réveil, je vous réponds :
***« Il en manque une ! »*,**
c'est que vous tournez
le remake de :

La Folie des grandeurs *de Gérard Oury (1971 – réplique de de Funès à Montand)*

QUESTIONS DÉCALÉES

Si je vous dis :
«*Takatakatak Chakchakchak*»,
à quel film de 2013
pensez-vous ?

Quai d'Orsay *de Bertrand Tavernier (2013)*

QUESTIONS DÉCALÉES

Sheldon Plankton, patron du *Seau de l'enfer*, est l'ennemi juré d'Eugène Krabs dans la série...

Bob l'éponge

Seulement 3 lettres de l'alphabet mais ce ne fut pas décevant.

QUESTIONS DÉCALÉES

Quel humoriste français se cache derrière ces indices ?

Sucre – Croissants – Boulanger

Fernand Raynaud

Cuisine afghane.

Kaboul Kitchen

À nous les petites Anglaises de *Michel Lang* (1976)

Ils ont fait des progrès de langue avec ce séjour.

QUESTIONS DÉCALÉES

Quel humoriste se cache derrière ces indices ?

Coluche – Politique – Vaffanculo

L'humoriste italien Beppe Grillo

QUESTIONS DÉCALÉES

Quel film se cache derrière ces indices ?

17 – Paulo – Chirac

Camping de *Fabien Onteniente* (2006)

QUESTIONS DÉCALÉES

Vanneur professionnel,
j'ai fait inscrire sur l'affiche
de mon premier film :
« *N'y allez pas, c'est une merde !* »
Et ce bide culture a bien failli
me ruiner. Je suis …

Laurent Baffie (Les Clefs de bagnole)

QUESTIONS DÉCALÉES

**Acteur-réalisateur
qui n'est pas vraiment malade.**

Dany Boon dans Supercondriaque *(2014)*

QUESTIONS DÉCALÉES

Film dans lequel sa tête a un rapport certain avec l'Univers.

☺☺

Les Beaux Gosses *de Riad Sattouf (2009)*

Régis (Régis est un con *des Nuls*)

Il est vraiment con.

QUESTIONS DÉCALÉES

J'ai un espace de délation sur le site du Point, je tapine pour monter sur scène et, sous un nom d'emprunt littéraire, je balance des horreurs avec cynisme. Je suis …

Gaspard Proust

QUESTIONS DÉCALÉES

**Si je vous dis : « *Hélicoptère !* »,
à quel acteur-réalisateur
ou à quel film pensez-vous ?**

Jour de fête *de Jacques Tati* (1949)

QUESTIONS DÉCALÉES

C'est un film dans lequel 4 banlieusards gagnent un séjour à Biarritz grâce à un concours de vidéos et découvrent un autre monde...

Le Ciel, les oiseaux... et ta mère ! *de Djamel Bensalah (1999)*

En citant 3 mots,
faites deviner le titre du film
La Vérité si je mens !
de Thomas Gilou.

QUESTIONS DÉCALÉES

En citant 3 mots,
faites deviner
le nom de Popeck.

THÈMES ET MOTS-CLÉS

Citez 3 comédies de Francis Veber avec Gérard Depardieu.

Les Compères, Le Placard, Tais-toi ! ...

THÈMES ET MOTS-CLÉS

Citez 3 des 5 films dont Bourvil et de Funès partagent l'affiche.

Poisson d'avril, Les Hussards, La Traversée de Paris, Le Corniaud, La Grande Vadrouille